VOYAGE ARCHÉOLOGIQUE

DANS LA MANDCHOURIE

ET

DANS LA CHINE SEPTENTRIONALE

CONFÉRENCE

Faite le 27 Mars 1908 au COMITÉ DE L'ASIE FRANÇAISE

PAR

EDOUARD CHAVANNES.

Extrait du «*T'oung-pao*», Série II, Vol.

LIBRAIRIE ET IMPRIMERIE
CI-DEVANT
E. J. BRILL.
LEIDE — 1908.

VOYAGE ARCHÉOLOGIQUE

DANS LA MANDCHOURIE

ET

DANS LA CHINE SEPTENTRIONALE

CONFÉRENCE

Faite le 27 Mars 1908 au COMITÉ DE L'ASIE FRANÇAISE

PAR

EDOUARD CHAVANNES.

Extrait du «*T'oung-pao*», Série II, Vol. IX, No. 4.

LIBRAIRIE ET IMPRIMERIE
CI-DEVANT
E. J. BRILL.
LEIDE — 1908.

IMPRIMERIE CI-DEVANT E. J. BRILL, LEIDE.

VOYAGE ARCHÉOLOGIQUE
DANS LA MANDCHOURIE
ET
DANS LA CHINE SEPTENTRIONALE

CONFÉRENCE

Faite le 27 Mars 1908 au COMITÉ DE L'ASIE FRANÇAISE [1])

PAR

EDOUARD CHAVANNES.

Mesdames, Messieurs,

Avant de vous parler de mon voyage en Chine, je tiens à exprimer ma reconnaissance aux fonctionnaires chinois qui l'ont facilité; assurément, je ne leur demandais ni concession de chemin de fer, ni exploitation de mines, et c'est sans doute une des raisons pour lesquelles ils m'ont fait un gracieux accueil; mais cela n'expliquerait point suffisamment la bonne grâce et l'amabilité que j'ai trouvées chez tous ceux auxquels je me suis adressé; je crois plus équitable de rendre hommage à la politesse innée des Chinois dont j'ai appris à mieux estimer le caractère en ayant de plus fréquentes relations avec eux.

Le voyage que j'ai accompli au cours de l'année 1907 se divise en deux parties bien distinctes. Dans la première qui a duré trois semaines, du 23 avril au 14 mai, je suis parti de Moukden, et, me dirigeant droit à l'Est, je suis parvenu jusque sur la rive droite du

---

1) Ce résumé d'une conférence que j'ai faite le 27 mars 1908 a déjà paru dans le *Bulletin du Comité de l'Asie française* (avril 1908). Si je le réimprime ici, ce n'est pas que j'attribue à ces quelques pages plus d'importance qu'elles n'en ont, mais c'est afin de donner plus de diffusion aux gravures qui les accompagnent.

Yalou; au retour, j'ai descendu en barque le Yalou jusqu'à Ngan-tong et je suis revenu à Moukden par le petit chemin de fer japonais à voie étroite qui suit l'itinéraire parcouru lors de la guerre avec la Russie par l'armée victorieuse du général Kuroki.

La seconde partie de mon voyage a duré cinq mois, du 29 mai au 4 novembre. Je suis parti de Pékin et, par la voie du grand canal de T'ien-tsin à Tö-tcheou, puis en charrette, je suis arrivé à Tsi-nan-fou, capitale du Chantong; j'ai traversé cette province du Nord au Sud en visitant au passage le T'ai-chan ou Pic de l'Est, le temple funéraire de Confucius et celui de Mencius. J'ai parcouru ensuite la province de Ho-nan de l'Est à l'Ouest, en passant par K'ai-fong-fou et Ho-nan-fou; plus à l'Ouest encore j'ai poussé jusqu'à Si-ngan-fou et même, à trois journées de marche plus loin, jusqu'à K'ien-tcheou. A partir de ce point, j'ai commencé mon voyage de retour en suivant une route qui n'a été décrite jusqu'ici, à ma connaissance, par aucun voyageur européen, et qui m'a amené à franchir le Houang-ho à la hauteur de Han-tch'eng. J'ai ensuite traversé la province de Chan-si pour revenir à Pékin après avoir visité T'ai-yuan-fou, les pèlerinages bouddhiques du Wou-t'ai-chan et les grottes de Ta-t'ong-fou.

L'itinéraire que j'ai suivi a été déterminé par des considérations archéologiques, c'est-à-dire que j'ai combiné mon voyage de manière qu'il me permît de voir, tant en Mandchourie que dans la Chine du Nord, les points où je savais devoir trouver des monuments importants du passé. Je ne puis avoir la prétention d'exposer ici tous les résultats de ces recherches archéologiques; encore moins puis-je décrire les péripéties de ces longues pérégrinations où chaque jour amenait avec lui des spectacles nouveaux; je me bornerai à signaler quelques aspects des pays que j'ai traversés, quelques spécimens des monuments que j'ai étudiés.

A trois journées de marche à l'Est de Moukden se trouve, à 10 li au Nord-Ouest de l'ancienne localité de Hing-king, la sépulture des chefs mandchous qui furent les ancêtres de la dynastie actuellement régnante en Chine. Là sont couchés les quatre princes qui

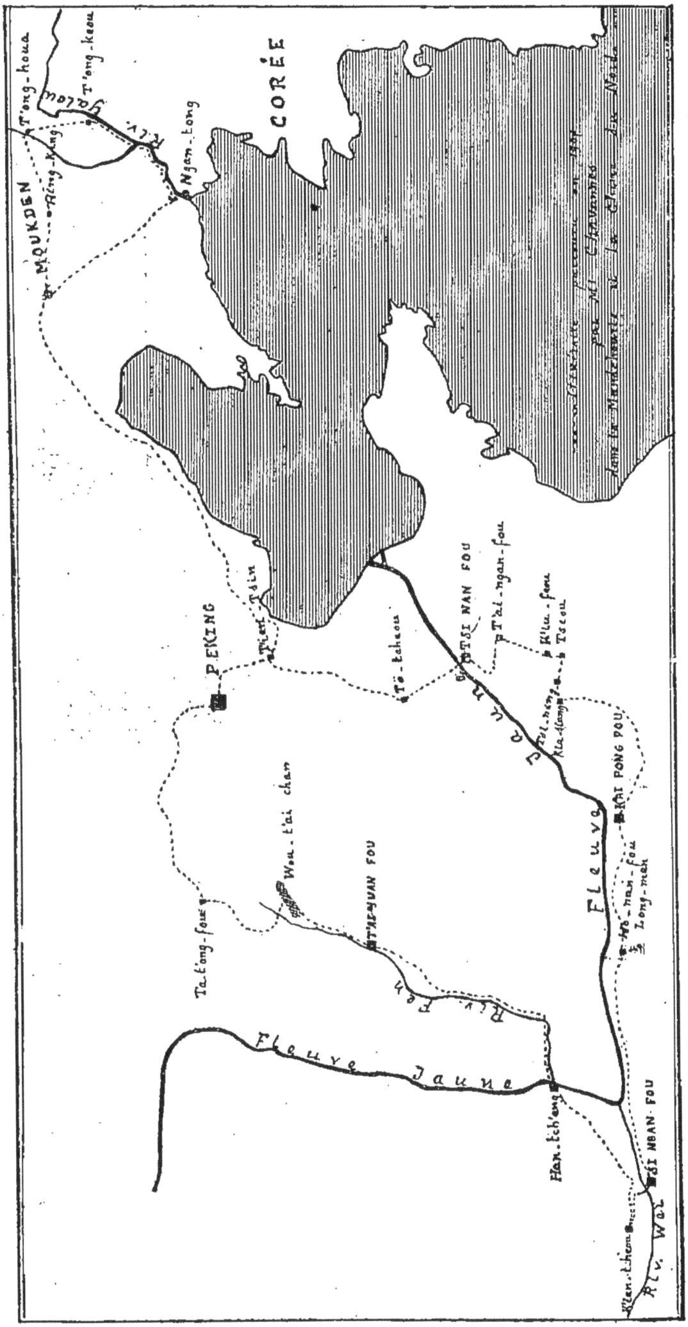

exercèrent le pouvoir dans cette région antérieurement à l'année 1615 et qui sont aujourd'hui honorés comme des empereurs; ils furent enterrés suivant les rites purement mandchous; sur une petite butte de terre recouvrant le corps, on se borna à planter un bâton de 1 m. 50 environ de hauteur auquel étaient fixées quelques bandes de papier blanc. Les souverains actuels ont conservé avec soin à la sépulture de leurs prédécesseurs ce caractère archaïque et, s'ils ont surajouté par devant un temple funéraire et des stèles commémoratives, l'enclos où dorment les quatre chefs illustres ne présente

Fig. 1. — Tombe des ancêtres de la dynastie Mandchoue près de Hing-king.

cependant au visiteur, à côté de l'ormeau trois fois centenaire qui achève de pourrir sur ses étais, que quelques perches auxquelles pendent des morceaux de papier de Corée (fig. 1).

Si la route de Moukden jusqu'à T'ong-houa-hien est aisée à suivre, il n'en est plus de même au delà de T'ong-houa; il faut alors abandonner les chars et prendre des chevaux pour remonter le cours d'une petite rivière qu'on passe et repasse à gué jusqu'à ce qu'on arrive au bas de la passe Lao-ling. Dans cette vallée, l'animation est extrême à cause de l'exploitation des bois qui s'y pratique d'une manière intensive; une compagnie chinoise a mis en coupe réglée les montagnes de la valée du Yalou et, dans deux ou trois ans, elle aura enlevé tous les arbres pouvant avoir quelque valeur marchande; en ce moment, la rivière dont nous suivons le cours retentit des appels et des cris des hommes occupés au flottage des madriers qu'on a équarris sur la rive; ces grandes poutres qui suivent le fil de l'eau sont fort désagréables pour le voyageur obligé cinq ou six fois par jour de franchir le courant, car si sa monture était heurtée par l'une d'elles, il risquerait de prendre un bain qui ne serait pas sans danger.

Quand on est parvenu au sommet de la passe Lao-ling, à environ 900 mètres d'altitude, la descente se fait rapidement le long de la vallée d'un torrent. Dès le lendemain matin, on aperçoit la grande courbe que décrit en cet endroit le Yalou enserré par des montagnes tant sur la rive coréenne que sur la rive chinoise. En bas de la côte, une petite plaine semi-circulaire est l'endroit où fleurit pendant les cinq premiers siècles de notre ère le royaume de Kao-keou-li dont le nom est l'origine du nom de Corée que nous employons aujourd'hui. Les princes de ce royaume de Kao-keou-li eurent une grande puissance; ils firent des campagnes victorieuses en Corée et furent plus d'une fois aux prises avec les Japonais; au commencement du ve siècle, ils ont raconté leurs exploits sur un bloc de pierre quadrangulaire, serpentine ou ophite, dont la masse énorme apparaît dans la plaine à plusieurs kilomètres de distance; ils écrivaient en chinois, n'ayant pas d'écriture qui leur fût propre; ce texte, qui a été traduit en français par M. Maurice Courant, est une page très importante de l'histoire de l'Extrême-Orient. Ce qui atteste encore la puissance des princes du Kao-keou-li, ce sont leurs sépultures, pyramides quadrangulaires en granit rose qui ont un aspect fort différent des tombes chinoises; une seule d'entre elles, connue sous le nom populaire de „tombe du maréchal", est bien conservée; elle permet de reconstituer par la pensée les autres pyramides dont il ne reste guère que des amas de décombres [1]).

*
* *

1) Voyez dans le *T'oung pao* de mai 1908 la description détaillée de ces sépultures.

Nous abandonnons maintenant la Mandchourie et nous nous transportons dans le Chan-tong central, terre âpre et rocheuse où il n'y a plus de routes pour les chars, mais où on suit des pistes étroites qui ne livrent passage qu'aux brouettes à une roue, aux cavaliers et aux mules de bât. C'est dans cette région austère de la Chine que naquit, en l'an 551 avant Jésus Christ, Confucius, le

Fig. 2. — Tombe de Confucius.

sage dont la doctrine sociologique constitue encore aujourd'hui comme l'armature morale de l'esprit chinois. Le temple splendide où on le vénère est imposant et majestueux; mais je lui préfère un autre lieu de pélerinage non moins sacré aux yeux des lettrés, fidèles dépositaires de ses enseignements: dans un bois aux épais ombrages où l'on accède par une avenue bordée de statues en pierre d'hommes et d'animaux, le plus grand homme de la Chine est enseveli et sa sépulture est d'une rigoureuse simplicité (fig. 2); derrière un brûle-parfums et un autel de pierre se dresse, devant le tumulus, une stèle de dimensions moyennes sur laquelle on lit; „Tombe du roi très parfait, absolument saint, propagateur de la civilisation."

Nous faisons de nouveau maintenant un bond immense, qui, du Chan-tong, nous transportera dans la région du Chan-si, située au Nord de la rivière Wei. Toute cette région est du domaine du lœss, c'est-à-dire de cette terre jaune, formée de parcelles presque impalpables, qui s'est déposée sur les trois quarts de la Chine septentrionale; emportée par les vents qui la soulèvent en nuages épais, elle se dépose depuis de longs siècles dans les plaines dont elle exhausse graduellement le niveau, en sorte que, si on les voyait de haut, on apercevrait comme un plateau uniforme duquel émergent les massifs rocheux des montagnes et dans lequel se creusent les vallées des rivières; mais cette uniformité n'est qu'apparente; à les considérer de plus près, les terrains constitués par le lœss sont fréquemment coupés par des stries profondes qui permettent l'écoulement des eaux et qui sont incessamment ravagées par les torrents auxquels elles livrent passage lors de la saison des pluies. Pour circuler dans un tel pays, on ne peut s'engager sur le sommet du plateau, car on serait bientôt arrêté par quelqu'une de ces fissures et, à supposer que les bords n'en fussent pas abrupts, ce qui est généralement le cas, on perdrait, à descendre dans le gouffre, puis à remonter de l'autre côté, un temps infini. La seule manière de voyager est de suivre le fond d'une de ces ravines qui doit nécessairement se continuer sans interruption, puisque les eaux qui l'ont creusée ont pu s'écouler; ou bien encore, si la ravine est trop profonde, la route en longera le bord. Les voyages en pays de lœss se passent donc soit à serpenter au fond de chemins creux encaissés entre de véritables murailles de terre jaune qui s'élèvent jusqu' à 20 ou 30 mètres de hauteur de chaque côté, soit à longer des précipices. Dans l'un et l'autre cas, les croisements de chars présentent une réelle difficulté, car la route ne peut, en général, livrer passage qu'à un seul véhicule; il y a bien, d'endroit en endroit, des sortes de garages où un espace plus large permet à deux chars d'évoluer à l'aise et, en théorie, les conducteurs devraient s'avertir de loin par des cris pour pouvoir s'arrêter en temps utile; ils crient en effet, cela est certain; mais il est certain aussi que, ni l'un ni l'autre ne voulant s'arrêter le premier, ils continuent tous deux à avancer jusqu'à ce que leurs mules respectives se trouvent nez à nez dans un passage trop étroit; ce sont alors, de part et d'autre, de copieuses invectives après lesquelles on s'efforce de sortir d'embarras, soit en faisant grimper un des chars sur le talus, au risque de le culbuter, soit en rasant l'extrême bord du précipice; par bonheur, il ne passe pas beaucoup de chars sur ces routes, car si on devait en rencontrer une dizaine seulement par jour, on aurait chance de ne guère faire de chemin.

Dans la région qui est au Nord de Si-ngan-fou, le lœss a pris un aspect assez particulier qui provient sans doute de ce qu'il s'est déposé, non sur des vallées unies, comme dans le Ho-nan occidental, mais sur un sol mamelonné; autour de chacun de ces mamelons, le lœss a déposé ses stratifications régulières; le vent, géomètre fantasque, a dessiné avec le sable comme des courbes de niveau sur le flanc des collines et on voit s'étendre à perte de vue les gradins arrondis qui semblent, tant ils sont réguliers, avoir été faits de main d'homme. Au soleil couchant, la terre fauve prend des tons plus chauds, les rebords des terrasses accusent leurs contours et le voyageur, perdu dans cette fantasmagorie de courbes et de couleurs, se demande en quel pays de rêve il s'est égaré.

Les régions de lœss donnent, à première vue, l'impression d'être désertes; mais ce n'est là qu'une illusion qui provient de ce que les habitations, au lieu d'être sur le sol, sont dans la terre. Vous ne voyez autour de vous aucune maison, mais penchez-vous sur le bord de cette crevasse qui s'ouvre inopinément à côté de la route et vous apercevrez, sur le flanc du ravin, toute une série d'excavations parfois superposées les unes aux autres, qui sont autant de demeures où grouille une nombreuse population. J'ai moi-même logé dans une de ces grottes qui servait d'auberge; nos dix mules et nos cinq chars y avaient trouvé place ainsi que tous mes gens; il y avait encore là d'autres voyageurs, sans compter le patron de céans et la valetaille; nous étions fort au large, mais je dois avouer que la ventilation laissait à désirer.

Dans la province de Chan-si, les habitations souterraines présentent parfois un aspect fort singulier parce qu'on en a affermi et précisé

Fig. 3. — Habitations dans le lœss.

l'entrée par un mur en briques percé d'ouvertures correspondant aux entrées des grottes; mais ces façades, qui ont assez grand air, ne cachent derrière elles aucun bâtiment (fig. 3).

***

Une des raisons qui m'ont déterminé à choisir, pour aller de Si-ngan-fou au Houang-ho, la route septentrionale au lieu de la route plus aisée qui passe au Sud de la rivière Wei, c'est que je voulais aller voir, au Sud de la sous-préfecture de Han-tch'eng, le lieu natal de l'historien Sseu-ma Ts'ien; par un effet de l'admirable continuité de la civilisation chinoise, Sseu-ma Ts'ien, mort depuis deux mille ans, est encore aujourd'hui vénéré comme un grand homme, presque comme un dieu, dans la localité qui l'a vu naître et où il est enterré. Sur la croupe de lœss où s'élève le temple qui lui est consacré, on peut voir sa tombe, entourée d'un petit mur circulaire duquel jaillit un arbre puissant et touffu comme l'œuvre même de l'illustre écrivain.

A une quarantaine de kilomètres au Nord du temple de Sseu-ma Ts'ien se trouve le fameux défilé de Long-men, la Porte du Dragon, où le Houang-ho, après avoir été resserré entre des montagnes escarpées, débouche de ce couloir pour se diviser en deux sur une île après laquelle il s'étale en une nappe de plus d'un kilomètre de largeur. L'imagination populaire, frappée de l'étroitesse de ce défilé, a cru qu'il avait été percé par un ancien souverain mythique, l'empereur Yu, afin de livrer passage aux eaux qui menaçaient de tout submerger. Une autre légende veut que, lorsque les carpes réussissent à franchir le courant violent de Long-men, elles deviennent des dragons; de là la phrase stéréotypée: »La carpe a sauté au delà de la porte du dragon», qui désigne la réussite aux examens littéraires, car, entre un humble candidat et un fier bachelier, il n'y a pas moins de différence qu'entre la pauvre carpe et le majestueux dragon.

Après avoir traversé le Houang-ho, nous sommes arrivés dans la province de Chan-si. Un des points les plus intéressants parmi ceux que j'ai visités dans cette province est le fameux pèlerinage bouddhique du Wou-t'ai-chan, c'est-à-dire de la montagne aux cinq terrasses; le nom de «cinq terrasses» pourrait induire en erreur, car il évoque l'idée de cinq sommets; en réalité, les temples du Wou-t'ai-chan sont distribués dans cinq petites vallées, qui sont d'ailleurs fort distantes les unes des autres; il y a une demi-journée de marche entre chacun des trois sites que j'ai visités. C'est dans ces sanctuaires que les Mongols dévots viennent en caravanes adorer le

Bouddha Manjuçrî et faire des dons pour ajouter incessamment à la splendeur des temples, qui sont d'une grande richesse.

***

J'exposerai maintenant en quelques mots les principaux résultats de mes recherches archéologiques.

Mes investigations ont d'abord eu pour objet les monuments les plus anciens de la sculpture chinoise, qui sont les bas-reliefs du deuxième siècle de notre ère à l'époque des Han orientaux. Ces bas-reliefs se trouvent sur deux sortes de monuments: des chambrettes funéraires et des piliers. Les chambrettes funéraires sont le plus souvent composées de cinq dalles: une pour le found, une pour chaque côté et deux pour le toit; elles formaient de petites chapelles où on faisait des offrandes au mort. Les piliers, qui vont toujours par paire, signalaient l'entrée conduisant à une ou à plusieurs chambrettes. J'ai eu l'occasion d'estamper les deux piliers de la sépulture de Wou Leang ts'eu, dans la province de Chan-tong, et les trois paires de piliers qui sont à Teng-fong-hien, dans la province de Ho-nan; ces estampages, joints à ceux de quelques dalles dispersées dans diverses localités du Chan-tong, me permettront d'ajouter une trentaine de planches à l'ouvrage que j'ai publié en 1892 sur la sculpture des Han. Je ne m'étendrai pas davantage sur ce sujet, puisqu'il s'agit ici d'un complément d'informations plutôt que d'une étude nouvelle.

Je passe donc immédiatement à l'examen des sculptures bouddhiques qui se trouvent, d'une part, à une quinzaine de kilomètres à l'Ouest de Ta-t'ong-fou, dans le Nord du Chan-si, et, d'autre part, à 15 kilomètres au Sud de Ho-nan-fou, dans un défilé qui, comme celui où se précipite le Houang-ho, porte le nom, très fréquent en Chine, de Long-men, „la Porte du Dragon". Dans l'un et dans l'autre cas, nous sommes en présence de parois rocheuses dans lesquelles ont été pratiquées des grottes ou des niches de dimensions fort diverses, les unes ayant à peine la taille d'un homme, les autres élevant leur plafond jusqu' à 30 mètres de hauteur, mais toutes ayant leurs parois ornées de figures de divinités, les unes minuscules, les autres colossales.

Ces grottes étaient, à l'origine, des sanctuaires qui étaient desservis par des religieux; on y brûlait des parfums et on y récitait des prières en l'honneur des divinités représentées dans la pierre. Aujourd'hui encore, aussi bien à Ta-t'ong-fou qu'à Long-men, les plus grandes grottes sont comprises dans l'enceinte d'un temple qui a été construit par devant et les moines y célèbrent des services

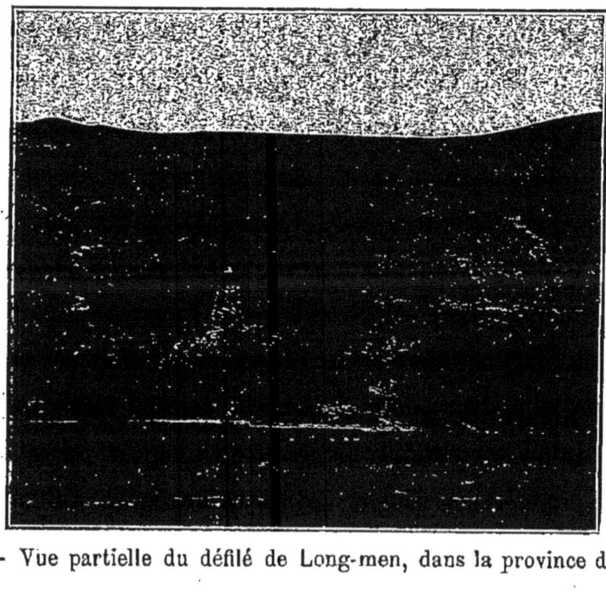

Fig. 4. — Vue partielle du défilé de Long-men, dans la province de Ho-nan.

religieux. Je dois ajouter, pour être véridique, que le bonze de Long-men sait concilier avec ses devoirs de prêtre le métier plus lucratif de logeur pour fumeurs d'opium, et, pendant la nuit, les grottes ressemblent plus à des tabagies qu'à des sacristies.

Quelle est la raison d'être de ces grottes et des sculptures qui les décorent, c'est ce dont nous sommes bien informés par les nombreuses inscriptions qui sont encore visibles sur les parois des grottes de Long-men. Ces dédicaces nous apprennent qu'il s'agit d'œuvres pies faites soit pour assurer le bonheur d'une personne dans ce monde et dans l'autre, soit, plus souvent, pour profiter à l'âme d'un défunt qui, par le bénéfice de cet acte méritoire, échappera aux misères des existence temporelles et parviendra à sortir du cycle des naissances et des morts. Les dévots donateurs sont de qualités fort diverses : les uns sont des empereurs, des impératrices ou des princes ; c'est à eux qu'on doit les Bouddhas gigantesques qui exigèrent plusieurs années de travail et demandèrent des dépenses considérables ; les autres sont des gens de condition moins haute, qui parfois déclarent donner tout leur avoir et parfois se cotisent à plusieurs pour faire exécuter une image de taille moyenne ; d'autres enfin se contentent de l'humble offrande d'une statuette dont la petitesse n'est point en proportion avec la grandeur de leur foi. C'est ainsi que les parois des grottes se couvrent de sculptures où s'affirme l'intensité de la croyance aux dogmes bouddhiques dans toutes les classes de la société, depuis le souverain jusqu'aux gens du commun peuple.

Il est évident cependant que, bien que la ferveur ait pu être égale chez tous, ce sont les plus riches et les plus puissants qui ont donné le branle et qui, ayant fait creuser les plus vastes grottes et tailler les plus belles statues, ont ensuite attiré autour d'eux la foule des adorateurs secondaires. Parmi ces hauts personnages il faut mettre au premier rang les empereurs ; c'est ce qui nous explique pourquoi les deux groupes de sculptures dont nous parlons se trouvent tous deux dans le voisinage immédiat de villes qui, à l'époque où furent excavées les grottes, jouaient précisément le rôle de capitale et étaient habitées par l'empereur et par sa cour. Ta-t'ong-fou, bien que située à l'extrême Nord de l'Empire, tout près de la grande muraille qui sépare la Chine propre de la Mongolie, fut, au ve siècle de notre ère, la capitale d'une dynastie connue sous le nom de dynastie des Wei du Nord ; il est vrai que ces souverains étaient étrangers et qu'ils étaient originaires, selon toute vraisemblance, de la Mandchourie, mais, comme ils avaient conquis la Chine septentrionale; ils sont considérés par les historiens comme une dynastie légitime. Non seulement les Wei du Nord sculptèrent, au ve siècle, les grottes de Ta-t'ong-fou, mais ce furent eux encore qui, après avoir affirmé leur domination sur la moitié de la Chine, transportèrent, en l'année 494, leur capitale à Ho-nan-fou et créèrent là, dans la première moitié du vi[e] siècle, des œuvres d'art religieux analogues à celles qu'ils avaient exécutées précédemment près de Ta-t'ong-fou. Une cinquantaine d'années après que la dynastie des Wei du Nord eut pris fin, la célèbre dynastie T'ang eut cette même ville de Ho-nan-fou pour capitale orientale, et, comme elle était fort dévote, elle imita aux viie et viiie siècles l'exemple des Wei et aménagea de nouveaux temples dans le roc à Long-men.

Le groupe des grottes de Ta-t'ong-fou présente plusieurs statues de très grande taille, mais il est difficile de les bien voir. En effet, comme la roche est ici assez friable, les grottes, lorsqu'elles atteignaient certaines dimensions, n'étaient pas entièrement ouvertes par devant; on se contentait de ménager dans le bas une entrée de dimensions moyennes, puis, après avoir sculpté la statue colossale du Bouddha dans la paroi du fond de la grotte, on pratiquait, dans la paroi située au-dessus de l'entrée, une lucarne carrée qui laissait pénétrer le jour et illuminait la figure du dieu; ainsi, de l'extérieur, on apercevait, par le trou supérieur, le visage, et par le trou inférieur, le bas de la robe du Bouddha; quand on entrait dans la grotte, la statue se trouvait visible presque en entier, mais la partie centrale était mal éclairée et le recul insuffisant empêchait le spectateur de saisir l'ensemble. Par bonheur pour le photographe que ces conditions réduisent à l'impuissance, un des plus beaux parmi les grands Bouddhas de Ta-t'ong-fou est maintenant à ciel ouvert, grâce à l'éboulement de la grottte (fig. 5). Malgré ses proportions énormes, dont on pourra se rendre compte en considérant sur la figure 5 l'homme qui est debout à sa gauche, cette statue a des traits réguliers et harmonieux; elle a ce sourire serein dans lequel la religion bouddhique a su exprimer le renoncement aux choses de ce monde et l'indulgente compassion pour les misères humaines.

Mais si l'on veut apprécier toute la finesse et l'élégance de l'art des Wei du Nord, il faut considérer de préférence les statues qui

Fig. 5. — Statue colossale d'un Bouddha (groupe de Ta-t'ong-fou (v$_e$ siècle).

sont de grandeur naturelle; on y remarque une douceur de l'expression, une grâce de la pose que les autres époques n'ont pas su rendre avec autant de bonheur. Plusieurs de ces statues sont assises sur un siège et tiennent leurs pieds croisés l'un devant l'autre (fig. 6); cette posture ne se retrouve plus dans les Bouddhas sculptés sous la dynastie T'ang: elle me paraît caractéristique de l'art des Wei du Nord; comme, d'autre part, on la signale dans des statuettes du Gandhâra, dont l'une au moins a été transportée jusqu'à Tourfan, nous avons ici la preuve que l'art des Wei du Nord s'inspire de l'art du Gandhâra, c'est à-dire de l'art qui avait pris naissance dans la région de Peshawer, au Nord de l'Indus, et qui s'était transmis à travers l'Asie centrale jusqu'à Tourfan, où les Wei du Nord purent le connaître, puisque leurs succès militaires les mirent en relations avec les peuples du Turkestan oriental.

Fig. 6. — Une niche d'une des grottes du groupe de Ta-t'ong-fou (ve siècle).

La niche dans laquelle est assis le Bouddha de la figure 6 est surmontée d'une garniture qui imite une frange aux pointes terminées par des glands; au-dessous de cette frange, une rideau est relevé et rattaché par cinq nœuds. Nous avons là en pierre la représentation d'une ancienne niche, vraisemblablement en bois, devant laquelle on pouvait faire descendre un rideau pour voiler l'image de la divinité. Dans d'autres niches du groupe de Ta-t'ong-fou, l'encadrement supérieur est formé par une sorte de dragon se terminant à chaque extrémité par une tête qui se relève; au-dessus du dragon sont rangés les sept Bouddhas qui ont déjà fait leur apparition dans le monde.

Quelle que soit la variété dans la taille des statues, dans le fini de l'exécution, dans l'ornementation extérieure des niches, le sujet des sculptures reste toujours le même: c'est le Bouddha enseignant ou méditant et on ne voit point d'autre scène. Je dois cependant faire une exception pour deux grottes qui contiennent des représentations notablement différentes de celles qui se reproduisent à l'infini dans les autres. L'une de ces deux grottes nous offre une série de onze panneaux figurant des épisodes de la vie légendaire de Çâkya-mouni. Tel, par exemple, le bas-relief qui représente le futur Bouddha au moment où il quitte le palais du roi son père et la ville de Kapilavastou, représentée ici par une seule maison, pour aller dans la forêt solitaire se livrer à l'ascétisme; il s'enfuit en secret de crainte qu'on ne le retienne et des divinités favorables viennent soutenir sur leurs mains les sabots du bon cheval Kanthaka, de peur que le bruit de ses pas ne donne l'éveil aux gens du palais.

Dans l'autre des deux grottes que nous avons mises à part, nous remarquons des sculptures profondément différentes de toutes celles que nous voyons ailleurs; les figures y sont d'une facture molle et grasse qui contraste avec la nervosité et la finesse des Bouddhas des autres grottes. Et ce n'est pas seulement la qualité de l'art qui est ici différente, mais les personnages sont tout nouveaux et leur aspect nous ménage des surprises bien inattendues. Considérez celui qui est reproduit dans la figure 7: ne porte-t-il pas à son bonnet les propres ailes de Mercure? ne tient-il pas dans sa main gauche le trident de Neptune et enfin l'objet informe qu'il appuie sur son épaule droite ne serait-il pas le thyrse de Bacchus? n'est-il pas une de ces divinités dites Panthées qui réunissent en elles les attributs de plusieurs dieux? Telle qu'elle est, cette énigmatique figure

Fig. 7. — Grottes de Ta-t'ong-fou (ve siècle).

paraît bien n'avoir pu être conçue que par un sculpteur ayant eu connaissance de quelqu'une de ces œuvres de l'art gréco-romain qui, dans les premiers siècles de notre ère, se répandirent en Asie et exercèrent une influence réelle et profonde sur l'art du Gandhâra.

***

Si nous passons à l'étude du groupe des grottes de Long-men, au Sud de Ho-nan-fou, nous y remarquons tout d'abord des sculptures fort analogues à celles de Ta-t'ong-fou, et la chose s'explique puisqu'elles ont été exécutées aussi par la dynastie des Wei du Nord. La plus remarquable de ces premières grottes de Long-men est celle

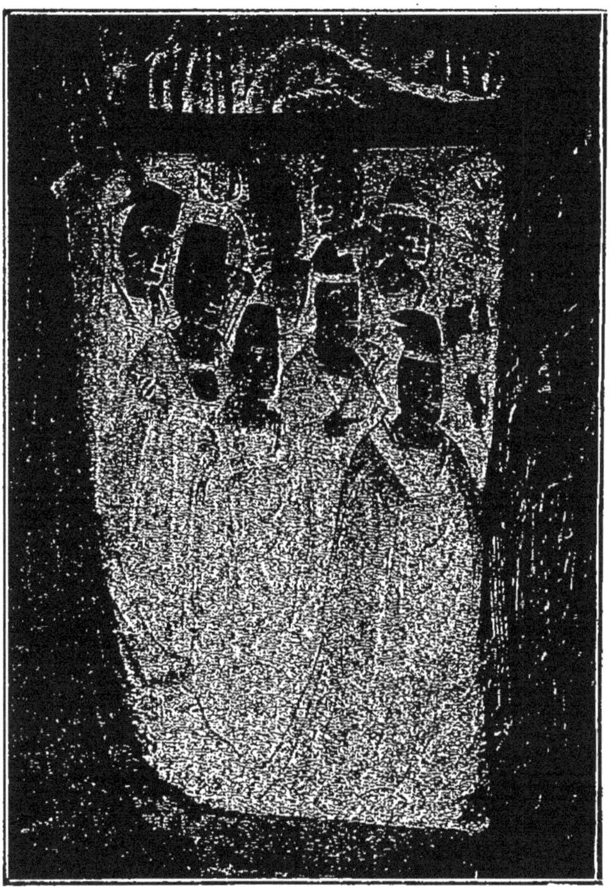

Fig. 8. — Bas-relief dans une grotte de Long-men (642 Ap. J.-C.)

qui est connue sous le nom populaire de Lao-kiun tong, quoiqu'elle n'ait assurément rien de commun avec Lao-tseu et le taoïsme; tout en constatant l'identité foncière du décor de cette grotte avec celui des grottes de Ta-t'ong-fou, nous y relèverons cependant un caractère plus marqué de richesse et de profusion; il n'est plus un pan de pierre qui ne soit ciselé et c'est une abondance d'ornements qui serait presque fatigante pour l'œil si elle n'était pas coupée à intervalles réguliers par les grandes niches dont l'heureuse distribution rétablit l'ordre et l'harmonie. En fait, cette décoration produit sur le spectateur une saisissante impression; quand on est à l'intérieur de la grotte et qu'on la voit élancer jusqu'à son sommet en forme

Fig. 9. — Cheval dragon ailé de la sépulture du prince Wou San-sseu (707 ap. J.-C.).

de voûte ogivale ses parois ouvrées d'une fine dentelle de pierre, on éprouve le même sentiment que dans une de nos cathédrales du moyen âge et on admire cette merveilleuse adaptation de l'art à la religion.

Dans les grottes de l'époque des T'ang, c'est-à-dire du VIIe et du siècles, nous apercevons deux ou parfois quatre personnages qui ne nous étaient jamais apparus dans les grottes de l'époque des Wei;

ce sont des colosses à l'aspect redoutable qui se tiennent des deux côtés de l'orifice comme pour en défendre l'accès; ces rois célestes chargés de soumettre les démons sont, selon toute vraisemblance, des succédanés de ce Vajrapâni qui figure déjà comme un protecteur aux côtés du Buddha dans les bas-relief du Gandhâra. Leur présence

Fig. 10. — Animal fantastique de la sépulture de l'empereur Jen-tsong (mort en 1063).

suscite un problème intéressant d'archéologie, car il importerait de déterminer quelle est l'influence qui, entre l'époque des Wei et celle des T'ang, a causé l'apparition de ces personnages. A partir de l'époque des T'ang, soit au nombre de deux, soit au nombre de quatre, ils ont subsisté dans l'art bouddhique et c'est eux qu'on voit de nos jours encore à l'entrée des principaux temples bouddhiques de la Chine; on les retrouve au Japon où leur filiation chinoise est démontrée par les monuments mêmes de Long-men; rien, en effet, ne ressemble plus aux deux rois célestes du To-taïji à Nâra que les deux colosses qui exhibent leur vigoureuse musculature à l'entrée d'une des grottes de Long-men.

Les trois plus grandes grottes de Long-men datent de l'époque des T'ang: elles ont été aménagées en l'année 642 par Tai, roi de de Wei, pour le bénéfice de sa mère qui était une impératrice morte en 636. Les Bouddhas gigantesques qui en occupent le fond n'offrent, à mon avis, rien de bien remarquable; mais, dans la grotte du centre, sur les parois qui font face à la statue, on aperçoit des bas-reliefs fort curieux; les mieux conservés sont ceux de la rangée du centre qui représentent, d'une part, une procession d'hommes (fig. 8), et, de l'autre, une procession de femmes; ce sont apparemment le donateur et sa femme accompagnés de leurs cortèges respectifs. Ces bas-reliefs sont intéressants pour l'étude du costume et de la coiffure en Chine au VIIe siècle de notre ère.

Après les bas-reliefs des Han, après les sculptures bouddhiques des Wei du Nord et des T'ang, j'ai encore étudié la sculpture funéraire à l'époque des T'ang, du VIIe au IXe siècles de notre ère.

Les voyageurs qui sont allés en Chine ont souvent signalé les avenues de personnages et d'animaux en pierre qui précèdent les tombes impériales de la dynastie des Ming; les touristes qui vont à Pékin ne manquent pas de se rendre à la tombe de l'empereur Yong-lo, mort en 1424, et admirent la double théorie d'hommes et de bêtes étranges qui borde la route conduisant à la sépulture. Dans ces derniers temps, les ingénieurs occupés à faire le tracé de la ligne de K'ai-fong-fou à Ho-nan-fou ont signalé des tombes des Song où se retrouvent des avenues analogues; mais, quoique nous faisant remonter à huit siècles et demi en arrière, ces tombes ne sont pas encore les plus anciennes où l'on puisse retrouver les mêmes séries d'animaux et de personnages; les sépultures des T'ang que j'ai visitées dans la région située à l'Ouest et au Nord de Si-ngan-fou nous permettent d'atteindre jusqu'au VIIe et au VIIIe siècles de notre ère; voici, par exemple (fig. 9), un animal fantastique qui apparaît sur la sépulture du prince Wou San-sseu, mort en 707 ap. J.-C.; les Chinois l'appellent le cheval-dragon ailé (fei-long-ma); les ailes de ce cheval rappellent fort, par la manière dont elles sont stylisées, les ailes qui sont fixées au corps de certains chevaux représentés sur des tissus perses de l'époque sassanide; si on examine ce même animal sur la tombe d'un empereur mort en 712, puis sur celle d'un empereur mort en 820, on le voit se déformer graduellement; il devient plus trapu; ses ailes s'atrophient au point de n'être plus qu'un mince ruban flottant sur l'épaule; ainsi s'explique la genèse de l'animal fantastique que nous trouvons au XIe siècle sur la sépulture de l'empereur Jen-tsong, de la dynastie des Song (fig. 10); les formes intermédiaires nous garantissent sa parenté avec le cheval-dragon ailé de la tombe de Wou San-sseu.

Fig. 11. — Lion de la sépulture du prince Wou San-sseu (707 ap. J.-C.).

Un des animaux le plus fréquemment et le mieux représenté sur les sépultures des T'ang est le lion (fig. 11); soit assis, soit debout, il est posté comme un gardien redoutable à l'entrée des avenues qui, des quatre points cardinaux, convergent vers le tumulus.

Parmi ces tombes impériales des T'ang, une des plus somptueuses était celle de l'empereur T'ai-tsong, mort en 649; aujourd'hui, presque rien n'en subsiste; les statues des princes tributaires qui lui faisaient une garde d'honneur ont toutes été détruites et on n'en retrouve que d'informes fragments; sur la montage lointaine et solitaire où nous allâmes la visiter, par un vent âpre et une pluie glaciale, nous ne vîmes qu'une porte en briques tombant de

Fig. 12. — Un des six chevaux de la tombe de T'ai-tsong (milieu du VIIe siècle).

vétusté et, par derrière, deux bâtiments délabrés; mais c'est dans ces masures que je découvris, à ma grande surprise, un des monuments les plus importants de la sculpture chinoise, à savoir la série des six dalles représentant les coursiers favoris de l'empereur défunt. Jusqu'ici on ne connaissait, en Europe, l'image de ces chevaux que par une gravure réduite faite au trait sur une stèle du XIe siècle de notre ère; les coursiers, qui furent sculptés au milieu du VIIe siècle et qui, aujourd'hui encore, se trouvent à leur emplacement primitif sur la tombe, occupent chacun une dalle de 2 mètres de long sur 1 m. 60 de haut et ont un relief de 10 centimètres d'épaisseur: celui d'entre eux que représente la figure 12 se tient immobile; un soldat est en train de lui enlever une flèche qu'il a reçu au poitrail; on remarquera la crinière tressée en trois mèches, la queue nouée, la selle, le tapis de selle, la bride et la longe, les étriers; l'homme porte suspendu à sa ceinture, du côté droit, un carquois plein de flèches; du côté gauche il porte une épée et un arc dont on aperçoit les extrémités.

* * *

Je terminerai cette conférence par quelques brèves considérations sur l'importance que présentent pour l'archéologie chinoise les monuments dont nous venons de parler.

Tout d'abord, les bas-reliefs de l'époque des Han qui se trouvent dans le Chan-tong et dans le Ho-nan, et qui sont datés du IIe siècle de notre ère, sont les plus anciens représentants qui nous aient été conservés de la sculpture chinoise. Ainsi, tandis que dans nos musées on peut voir soit les originaux, soit les moulages de bas-reliefs ou de statues provenant de la Chaldée, de l'Egypte, de la Grèce même, qui remontent à des époques beaucoup plus reculées, nous ne connaissons en Chine ni une statue, ni un bas-relief antérieurs à l'ère chrétienne.

En second lieu, en recherchant les monuments figurés anciens qui ont subsisté dans la Chine du Nord, j'ai été amené à faire cette constatation singulière que, après la floraison de l'art des Han, il y a eu de nouveau une période de deux cents ans, pendant les IIIe et IVe siècles de notre ère, pour laquelle nous ne possédons pas un seul spécimen de la sculpture en pierre ou sur pierre. Cette lacune est-elle définitive et irrémédiable? J'ai peine à le croire; en fait, cependant, elle existe actuellement dans nos connaissances.

Voila pourquoi, après les bas-reliefs des Han au IIe siècle, il nous faut passer sans intermédiaire aux sculptures bouddhiques de Ta-t'ong-fou, qui sont du Ve siècle. Ce groupe de Ta-t'ong-fou, qui est prolongé et continué jusqu'an VIIIe siècle par le groupe de Long-men, a une importance capitale pour l'histoire de l'art bouddhique; par ses réminiscences de l'art du Gandhâra et même de l'art gréco-romain, par ses affinités avec l'art ancien du Japon, il nous apparaît comme l'anneau jusqu'ici manquant de la chaîne continue qui relie l'art de l'Extrême-Orient à l'art de l'Occident

Il nous montre en même temps sous quelle forme et de quelle manière l'art bouddhique s'est introduit en Chine: c'est la dynastie des Wei du Nord, issue de quelque tribu de la Manchourie, mais ayant étendu sa puissance jusque dans l'Asie centrale, où s'épanouissait la religion bouddhique venue du Gandhâra, c'est cette dynastie, d'origine étrangère, qui, la première, sculpta les roches de Ta-t'ong-fou, à l'extrême Nord de la Chine propre, et c'est elle encore qui, par le droit de ses conquêtes, transporta, au VIe siècle de notre ère, son esthétique religieuse jusqu'à Ho-nan-fou. Dans ce centre même de la vieille Chine, l'art nouvellement acclimaté devint une plante vivace et prospère qui ne cessa plus de se développer.

Enfin, en dehors des œuvres inspirées par le bouddhisme, l'art tel qu'il nous apparaît dans les allées monumentales, du VIIe et du VIIIe siècles de notre ère, conduisant aux tombes impériales des T'ang, marque, lui aussi, un commencement; c'est là, en effet, que, pour la première fois, se présentent à nous ces séries d'animaux et de personnages qui se reproduiront plus tard sur les tombes des Song, sur celles des Ming et sur celles de la dynastie mandchoue qui règne aujourd'hui à Pékin.

Comme on le voit, les divers ensembles de monuments dont nous avons eu l'occasion de parler sont autant de jalons fixes qui fournissent à l'observateur un point de départ et une direction. C'est la raison pour laquelle ils méritent d'attirer l'attention de tous ceux qui estiment qu'il est grand temps de constituer l'archéologie chinoise comme une science régulière, ne se payant plus de considérations vagues mais fondant ses déductions sur des faits nombreux bien constatés et bien localisés dans le temps et dans l'espace.

---

www.ingramcontent.com/pod-product-compliance
Ingram Content Group UK Ltd.
Pitfield, Milton Keynes, MK11 3LW, UK
UKHW032029260826
14628UKWH00006B/2829

9 782013 411271